Alexandra Eger-Römhild

Kriminalität in Japan

GRIN Verlag

Bibliografische Information der Deutschen Nationalbibliothek:

Die Deutsche Bibliothek verzeichnet diese Publikation in der Deutschen National-
bibliografie; detaillierte bibliografische Daten sind im Internet über http://dnb.d-
nb.de/ abrufbar.

Impressum:

Copyright © 2008 GRIN Verlag GmbH
Druck und Bindung: Books on Demand GmbH, Norderstedt Germany
ISBN: 978-3-640-76113-5

Dieses Buch bei GRIN:

http://www.grin.com/de/e-book/159646/kriminalitaet-in-japan

GRIN - Your knowledge has value

Der GRIN Verlag publiziert seit 1998 wissenschaftliche Arbeiten von Studenten, Hochschullehrern und anderen Akademikern als eBook und gedrucktes Buch. Die Verlagswebsite www.grin.com ist die ideale Plattform zur Veröffentlichung von Hausarbeiten, Abschlussarbeiten, wissenschaftlichen Aufsätzen, Dissertationen und Fachbüchern.

Besuchen Sie uns im Internet:

http://www.grin.com/

http://www.facebook.com/grincom

http://www.twitter.com/grin_com

Universität Hamburg
Institut für Soziologie
Seminar: Gesellschaft Japans.
Globalisierung in Ostasien

Kriminalität in Japan

Alexandra Eger-Römhild
3. Fachsemester MA Kriminologie
Januar 2008

Gliederung

1. Einleitung

Japan hat eine der weltweit niedrigsten Kriminalitätsraten unter den Industrienationen. Obwohl Japan und Deutschland nach dem zweiten Weltkrieg eine vergleichbare wirtschaftliche Entwicklung genommen haben, ist das japanische Kriminalitätsniveau deutlich unter dem deutschen. Deshalb wird in dieser Arbeit der Frage nachgegangen was ursächlich für diese niedrige Kriminalitätsrate Japans ist. Um Erklärungen für dieses Phänomen zu finden wird die Zeitspanne von der Tokugawa[1]- bis zur Jetztzeit betrachtet. Es wird dabei sowohl auf die rechtsgeschichtliche Entwicklung als auch auf Formen der Kriminalität eingegangen und diese mit kriminologischen Theorien in Beziehung gesetzt. Da Kriminalität nie losgelöst vom kulturellen Kontext betrachtet werden kann, erscheint es auch erforderlich, die besonderen gesellschaftlichen Strukturen Japans zu beleuchten. Es folgt ein Kriminalitätsratenvergleich mit Deutschland.

2. Geschichtlicher Hintergrund

Japan hat sich seit Mitte des 19. Jahrhunderts aus einem bis dahin mittelalterlich- feudalistischen Staatsgebilde zu einer prosperierenden Industrienation entwickelt.

Im Jahr 1868 übernahm der damals erst 15jährige Kaiser Meiji die Herrschaftsgewalt. Mit dieser als Restauration bekannt gewordenen Zeit, wurde über die Öffnung zur westlichen Welt eine neue Ära begründet. Eine völlige Umkehrung bisherigen politischen und wissenschaftlichen Denkens korrespondierte mit einer Offenheit allem gegenüber, was von außerhalb des Inselstaates kam. Diese Offenheit und gleichsam Bereitschaft zur Imitation von westlichem ‚know-how' ließ Japan den Entwicklungsrückstand in extrem kurzer Zeit aufholen.[2] 1868 wurde das Karikeiritsu - ein vorläufiges Strafgesetzbuch - erlassen. 1870 wurde es durch das Shinritsu-Koryo ersetzt, um drei Jahre später in Form des Kaitei-ritsurei erneut revidiert zu werden. 1880 dienten die französischen Gesetze, der ‚code pénal' und der ‚code d'instruction', als Orientierung für das Strafgesetzbuch und die Strafprozessordnung. Die japanische Reichsverfassung wurde unter dem Einfluss der preußischen Verfassung erlassen und das japanische Strafgesetzbuch von 1907 unter dem Einfluss des deutschen StGB von 1871.[3]

2.1 Kriminalität in der Tokugawazeit am Beispiel der Kabukimono

Mit dem Sieg des Tokugawa-Clans im Jahr 1600 in der Schlacht bei Sekigahara und ihrer Machtübernahme durch die Einsetzung des Tokugawa Ieyasu zum Shogun durch den Tenno in 1603, begann die Befriedung des von Clankriegen geschüttelten Landes. Zu dieser Zeit war das Land in 260 Clan- und Feudalländereien gegliedert, über die die Daimyō (Landes- und Provinzialherren) herrschten. Sie waren dem Shogun, dem obersten Militärbefehlshaber, direkt unterstellt. Fiel ein Daimyō vor dem Shogun in Ungnade, waren seine Samurai fortan Rōnin, herrenlose Samurai, die ihrem Daimyō durch Seppuku[4] in den Tod folgen durften, sofern er es ihnen gestattete.

---

[1] Tokugawazeit: 1603 bis 1867.
[2] Vgl. Miyazawa, Schneider, S 5.
[3] Vgl. Miyazawa, Schneider, S. 3, 6 f.
[4] Seppuku bezeichnet eine rituelle Form des Selbstmords, die vor allem in der Schicht der Samurai angewandt wurde.

Grundsätzlich war soziale Mobilität in der Edo-Zeit innerhalb der vier Klassen - Samurai> Bauern> Handwerker> Kaufleute - nicht erlaubt.[5] Aufgrund tradierter Sitten durften Samurai keinem anderen Herrn als Untertan dienen, daher war es für Rōnin äußerst schwierig wieder zu einem gesicherten Status zu finden.[6]

Anfang des 17. Jahrhunderts gab es zahlreiche Jugendliche[7] und junge Erwachsene, hauptsächlich Hausangestellte von Samurai oder Rōnin, die dadurch auffielen, dass sie sich anders kleideten und sich nicht an allgemeingültige Regeln hielten. Heutzutage würde man von Jugendgangs oder Peergroups sprechen. Sie trugen Kimonos mit Samtkragen die kürzer gesäumt waren als üblich, ließen sich ihre Haare lang wachsen, trugen sie offen oder scherten sich die Köpfe in unkonventioneller Form und/oder trugen lange Koteletten oder Bärte. Außerdem führten sie häufig überdimensionierte Schwerter mit sich, die in leuchtend roten oder goldfarbigen Schwertscheiden steckten. Diese waren regelmäßig mit Sätzen verziert, wie: ‚Ich bin ein 23 Jahre alter Mann! Ich habe zu lange gelebt! Ich werde mich niemals zurückhalten!'. Durch diese Äußerlichkeiten und auch durch bewaffnete Auseinandersetzungen bzw. das Zurschaustellen militärischen Könnens brachten sie ihre Auflehnung gegenüber den starren gesellschaftlichen Regeln der damaligen Gesellschaft zum Ausdruck. Ihre Abneigung richtete sich insbesondere gegen die Blockaden der sozialen Mobilität.[8]

Der Begriff Kabukimono ist nach Kitajima Masamoto eng verknüpft mit „inferiors overthrowing superiors"[9] und meint, ‚Untergeordnete stürzen Übergeordnete'. Während im damaligen Japan die Loyalität zu einem einzigen Herren als uneinschränkbare, widerspruchslose oberste Pflicht galt, auf deren Basis der Machtanspruch des Shogun gründete, lebten die Kabukimono einen anderen Ethos. Bei ihnen herrschte die Vorstellung einer horizontalen Loyalität gegenüber den übrigen Kabukimono vor. Die brüderliche Treue stand im Vordergrund, die auch durch shudo oder nanshoku, der sexuellen Beziehung zwischen Männern zu Ausdruck kam. Die Kabukimono standen im Widerspruch zu den Edikten des Shogunats. Ihr Wertesystem, dass in der Vor-Edo-Zeit[10] kein deviantes Verhalten darstellte, sondern als normales Verhalten jugendlicher Heißsporne eingeordnet wurde, führte in der Edo-Epoche zur Kriminalisierung und Verfolgung. Herren war es erlaubt ihre Diener zu töten, wenn diese den Kabukimono angehörten. Das löste unter ihnen gewalttätige Gegenwehr aus, wodurch nun auch die Behörden begannen, massiv gegen sie einzuschreiten. Im Zuge dessen erhielten die Kabukimono Zulauf Angehöriger unterer Klassen, die in der Stadt lebten.1629 ordnete der Shogun die Etablierung von Wachhäusern zum Schutz der Bevölkerung an. Gegen Ende des 17. Jahrhunderts gab es bereits mehr als 900 Wachhäuser und zusätzlich bewachte Tore zu den Handwerker- und Kaufmannsbezirken. Regelmäßig wurden entdeckte Kabukimono getötet. Der Shogun wiederholte immer wieder Verbote bzgl. der Kabukimo-

---

[5] Vgl. Miyazawa, Schneider, S. 4.
[6] Vgl. Miyazawa, Schneider, S. 3.
[7] Seit 1742 galten gem. der ‚kujikata osadamegaki' Personen, die jünger als 15 Jahre waren als Kinder und darüber als voll verantwortliche Erwachsene. Mit der Geburt galt man bereits als 1 Jahr alt, was nach unserer Altersrechnung bedeutet, das man ab einem Alter von 14 Jahren als Erwachsener im Sinne des Gesetzes angesehen wurde (Vgl. Ambaras, 2006, S. 10).
[8] Vgl. Ambaras, 2006, S. 11 ff.
[9] Ambaras, 2006, S.11.
[10] Gemeint ist die Zeit der Clankriege bis 1600.

4

no, wie das Verbot der Beschäftigung und des Schutzes, das Verbot der Formierung von privaten Gruppen und privaten Kämpfen sowie das Verbot des Tragens langer Schwerter etc.. Im späten 18. Jahrhundert war es dann vor allem das gewalttätige Verhalten der unteren Klassen, das die Obrigkeit beunruhigte.[11]

2.2 Umgang mit Jugendkriminalität in der Restauration

Im StGB von 1880 wurde die Strafmündigkeit auf 12 Jahre festgesetzt. Jugendliche bis 16 Jahre konnten wie Strafunmündige behandelt und bei bis 20-jährigen, konnten Strafen gemildert werden. In den Jugenderziehungsanstalten (chōjijō) sollte über Beschulung auf die Straftäter spezialpräventiv eingewirkt werden, ohne das die dafür nötigen personellen Ressourcen zur Verfügung standen. Die Lücke wurde ab 1884 durch die Einführung von privaten Erziehungseinrichtungen (kanka-in) gefüllt. Die Jugenderziehungsanstalten wurden 1907 abgeschafft und das Strafmündigkeitsalter auf 14 Jahre angehoben.1923 trat ein neues Jugendrecht in Kraft, dessen wesentliches Novum, die Einführung eines besonderen Spruchorgans (shōnen-shimpan-jo), eine Verwaltungsbehörde für delinquente bzw. gefährdete Jugendliche bis 18 Jahre darstellte, die neben den Jugendgerichten bestand. Der Staatsanwalt entschied welche Fälle dem Gericht bzw. dem shōnen-shimpan-jo zur Entscheidung vorgelegt wurden. Das shōnen-shimpan-jo bestand aus einem shōnen-shimpan-kan, der das Verfahren leitete und der die Beschlüsse fasste, einem shoki (Sekretär) und einem shōnen- hogoshi, dem eine Sozialarbeiterfunktion oblag. Dieser erforschte die Lebensumstände und die Entwicklungsmöglichkeiten des Jugendlichen.

Der shōnen-shimpan-kan konnte stationäre Maßnahmen, wie beispielsweise die Unterbringung in einem religiösen Kloster anordnen oder ambulante Maßnahmen, wie die Zuordnung eines hogoshi, einer Art Erziehungshilfe, verfügen. Durch eine ambulante Maßnahme war es möglich die soziale Kontrolle des Jugendlichen zu erhöhen und ihn weiterhin in seiner vertrauten Umgebung zu belassen. Ihm oblag aber auch im Sinne des Opportunitätsprinzips das Verfahren einzustellen. Neben dieser Gesetzgebung existierte seit 1900 ein Jugendfürsorgegesetz (kanka-ho), dass 1933 durch das Jugendzuchtgesetz (shōnen-kyogo-ho) ersetzt wurde.[12]

3. Zur Sozialstruktur in der japanischen Gesellschaft

In der japanischen Gesellschaft ist die Einbindung in Gruppen vorrangig. Der Wert des Einzelnen wird an seinem Nutzen für die Bezugsgruppe bemessen. Auch fühlt sich der Einzelne nicht wie im christlich egozentrischen Weltbild als zentraler, als einzigartiger Mittelpunkt, sondern als abhängiger Teil einer Gruppengesamtheit, gleichgültig, welchen Rang er in dieser einnimmt. Diese Sichtweise rührt von den sich gänzlich vom Christentum unterscheidenden, in Japan vorherrschenden Religionen bzw. Philosophien, des Buddhismus, Shintoismus, Taoismus oder auch Konfuzianismus her. So sieht beispielsweise der Shintoismus auch die postmortale Existenz vor, aber ausschließlich im Sinne des Fortbestehens des Klans und niemals einer einzelnen Seele,

---

[11] Vgl. Ambaras, 2006, S.17.
[12] Vgl. Miyazawa, Schneider, 1979, S. 8 f.

wie etwa im Christentum. Diese Sichtweise führt Japaner eher dazu, ihr Selbst (jibun) möglichst mit den Zielen der Gruppe in Einklang zu bringen.

Westeuropäer hingegen idealisieren eher Ziele der persönlichen Selbstverwirklichung.

In Japan sind vor allem drei unterschiedliche Gruppen anzutreffen, die Familiengruppe, die Berufsgruppe und die Nachbarschaftsgruppe.[13]

3.1 Die Familiengruppe, die Berufsgruppe und die Nachbarschaftsgruppe

Die Familiengruppe ist klar hierarchisch strukturiert. Ende des 19. Jahrhunderts wurde aus politischen Gründen die Festigung des starken „Hausvaterwesens" gewünscht und beispielsweise durch die Ausgestaltung der Ehebruchsvorschriften gefördert. Der Hausvater besaß absolute Autorität gegenüber den übrigen Familienmitgliedern. Alle weiteren Haushaltsmitglieder, mit Ausnahme des ältesten Sohnes, waren seinem absoluten Gehorsam und Willen unterworfen.[14] Der Vater in der heutigen Zeit ist i.d.R. weiterhin der Haushaltsvorstand und damit im Besitz der nach außen gerichteten Autorität. Die Mutter ist für den Haushalt und die Kindererziehung zuständig und hat nur im Innenbereich Autorität. Auch wenn der Anteil der berufstätigen Frauen wächst, bleibt die traditionelle Rollenverteilung i.d.R. bestehen. Die Berufstätigkeit bringt (Ehe)Frauen meist keinen Zugewinn an äußerer Autorität. In erheblich höherer Zahl als in westlichen Nationen, wenn auch im Rückgang[15] begriffen, ist der Anteil der über 65-jährigen, die in den Haushalten ihrer Kinder leben.[16]

Die Berufsgruppe ist in ähnlich hierarchischer Form organisiert wie die Familiengruppe. Der Chef nimmt gegenüber den Angestellten eine Vaterrolle ein. Die Firma wird zu einer zweiten Familie. Den Angestellten werden übertarifliche Vergünstigungen gewährt und gleichzeitig wird Loyalität gegenüber der Firma, in einer weit höheren Form als in der westlichen Welt üblich, erwartet. Überstunden sind völlig normal, aber auch, dass der Chef ein offenes Ohr für die beruflichen und privaten Sorgen seiner Angestellten hat. Diese auch gesellschaftliche Unterschiede überwindende Form der Anteilnahme wird ermöglicht durch klare Verhaltenskodizes, die von den Angehörigen unterschiedlicher gesellschaftlicher Ränge genauestens einzuhalten sind. Da die Rangordnung nur zwischen sich bekannten Menschen einschätzbar ist, die Verhaltensregeln aber für jegliche sprachliche Kommunikation gelten, tauschen Japaner bereits vor Beginn eines Gespräches ihre ihren Rang deutlich machende Visitenkarte aus.[17]

Die Nachbarschaftsgruppe (tonari gumi) ist ein Relikt mit einer langen Tradition. Ab dem 12. Jahrhundert wurden in Gemeinden Gruppen von fünf oder auch mehr Haushalten zusammengefasst. In der Zeit von 1930 bis Ende des zweiten Weltkrieges wurden die tonari gumi zu Einheiten zum Zweck der Versorgungsorganisation, der Privatpolizei und der Selbstverteidigung. Aufgrund der extrem hellhörigen Bauweise wird auch heute noch in Japan eine gewisse soziale Kontrolle

---

[13] Vgl. Kühne, Miyazawa, 1991, S. 60 ff.
[14] Vgl. Miyazawa, Schneider, 1979, S. 6 f.
[15] Vgl. Coulmas, 2007, S. 46.
[16] Vgl. Kühne, Miyazawa, 1991, S. 66 ff.
[17] Vgl. Kühne, Miyazawa, 1991, S. 67 ff , 75 f.

über die Nachbarschaften wahrgenommen. Gegenüber der Familien- und der Berufsgruppe nimmt die tonari gumi allerdings eine nachrangige Rolle ein.[18]

3.2 Gruppenzugehörigkeit und abweichendes Verhalten

Innerhalb von Gruppen, beispielsweise einer Berufsgruppe, wird abweichendes Verhalten aufgrund der starken sozialen Kontrolle und der faktischen Verbundenheit zur Firma massiv gehemmt. Von der Werteorientierung der jeweiligen Gruppe hängt aber ab, ob damit gleichzeitig strafrechtlich relevantes Verhalten gehemmt wird. Auch die Yakuza[19] ist in gleicher Form wie legal orientierte Betriebe organisiert. Es kann aufgrund des organisierten kriminellen Agierens der Yakuza allerdings vorausgesetzt werden, dass ihre Werteorientierung von der anderer Gruppen stark abweicht. Innerhalb der Yakuza wird deviantes Verhalten zwischen Gruppenmitgliedern eben sowenig toleriert wie in anderen Gruppen.[20]

Insgesamt gilt für das japanische Gruppenwesen, dass eine hohe Motivation dazu besteht, auch bei groben devianten Verhaltensübertritten einzelner Gruppenmitglieder die Angelegenheit intern zu regeln und die Opfer zu entschädigen. Dabei gilt, solange keine Öffentlichkeit hergestellt wird, leidet auch das Ansehen der Gruppe nicht. Das heißt, der Staatsgewalt gelangen eine Vielzahl an Straftaten gar nicht zur Kenntnis. Dies lässt eine hohe Dunkelziffer vermuten.[21]

Abweichendes Verhalten gegenüber Gruppenfremden wird durch die oben beschriebenen Gruppenbezüge keineswegs gehemmt. Gruppenfremde (tanin) werden weder rücksichtsvoll noch höflich behandelt. Ein Grund für eine „menschliche Beziehung" besteht erst, wenn ein tanin zu einem Gruppenmitglied wird. Gegenüber tanin ist die Hemmschwelle deliktischer Handlungen reduziert. Hemmend wirkt aber die Furcht des Einzelnen, durch eine Tat das Ansehen der eigenen Gruppe zu schädigen.[22] Dagegen steht ein weiterer kriminalitätsfördernder Aspekt der Gruppenbindung, der insbesondere auf Wirtschafts- Vermögens- und Umweltdelikte zutreffen dürfte: „das Gesetzesverstöße zugunsten der Gruppe [...] so lange von der Gruppenmoral gedeckt [werden] wie der Gesichtsverlust im Falle des Aufdeckens nicht stärker ist als der gewonnene Vorteil."[23]

3.3 Die Gruppenposition, das Senioritätsprinzip und Ningen

Die Gruppenposition in der Berufsgruppe bemisst sich nach dem zeitlichen Eintritt in die Gruppe und in Familiengruppen nach dem Alter, dem Senioritätsprinzip. Dieses Prinzip steht dem westlichen Leistungsprinzip entgegen. Im beruflichen Feld ist aber die Gefahr, dass Unqualifizierte qua Alter in hohe Positionen gelangen, aufgrund der bei Eintritt in die Firma erforderlichen beruflichen Qualifikationen, gehemmt.[24]

Ningen bezeichnet das Streben nach äußerer Harmonie und wird von den Japanern als fundamental erlebt. Es steht für das Streben, trotz Divergenzen stets zu einem Konsens zu gelangen.

---

[18] Vgl. Kühne, Miyazawa, 1991, S. 70 f.
[19] Yakuza: Übergriff für japanische kriminelle Organisationen.
[20] Vgl. Kühne, Miyazawa, 1991, S. 71 f.
[21] Vgl. Kühne, Miyazawa, 1991, S. 72, 74.
[22] Vgl. Kühne, Miyazawa, 1991, S. 72 f.
[23] Kühne, Miyazawa, 1991, S. 73.
[24] Vgl. Kühne, Miyazawa, 1991, S. 77.

Allerdings wird die strenge Hierarchie dabei nie in Frage gestellt. Wohl aber ist der sempai (Älte-re) gefordert die Interessen seiner kohai (nachgeordneten Jüngeren) im Entscheidungsprozess ‚mitzudenken', um im Sinne von Ningen Harmonie zu erzeugen und Frustrationen zu vermei-den.[25]

4. Kriminalität im modernen Japan

In diesem Kapitel wird zunächst auf die Kriminalitätsraten Japans eingegangen, die sich im Ver-hältnis zur übrigen industrialisierten Welt sehr niedrig darstellen. In Beispielen wird anschließend die Entwicklung im Bereich der Jugenddelinquenz aufgezeigt. Danach wird auf die Yakuza sowie auf die allgemeine Kriminalität in Japan eingegangen.

4.1 Vergleich der Kriminalitätsraten Japans mit denen Deutschlands

Japanische Kriminalitätsraten und die Aufklärungsquoten von registrierten Straftaten werden nachfolgend mit denen Deutschlands[26] verglichen. Deutschland wurde als Vergleichsland ausge-wählt, da es wie Japan nach der totalen Niederlage im zweiten Weltkrieg einen ähnlichen Ent-wicklungsverlauf nahm. Beide Nationen haben sich binnen kurzer Zeit zu führenden Industriena-tionen entwickelt. Daneben weist das materielle Strafrecht Japans große Ähnlichkeit zum deut-schen Strafrecht auf, da seine ursprüngliche Form von 1907 auf das deutsche StGB von 1871 zurückgeht. [27]

Jedoch sollte man bei Ländervergleichen grundsätzlich besondere Vorsicht walten lassen, da Kri-minalität ein zugewiesenes Merkmal ist, das zwischen den Ländern differieren kann. Die Unter-schiedlichkeiten der Strafrechtssysteme sowie die Anzeigepraxis können sich auf das Zahlenma-terial auswirken. Daneben ist die Beschaffenheit des Datenmaterials zu beachten. So werden in Deutschland seit 1963 alle Verkehrsdelikte aus der Polizeilichen Kriminalstatistik (PKS) heraus-gerechnet. In Japan sind diese Delikte in der allgemeinen Kriminalitätsrate enthalten, was zu ei-ner Verzerrung in Tabelle 1 beiträgt.[28]

In den 30 Jahren des Beobachtungszeitraumes[29] (1974 – 2004) stieg die Kriminalitätsbelastung in Japan um 77,4 % und in Deutschland um 81,8 %. Damit hat auch Japan eine wesentliche Stei-gerung der Kriminalitätsrate zu verzeichnen. Die Steigerungsquote im Verhältnis zu Deutschland blieb im Beobachtungszeitraum dabei nahezu gleich. In Deutschland bestand durchgehend eine um ca. 66 % höhere Kriminalitätsbelastung als in Japan. Die höhere Kriminalitätsbelastung in Deutschland bezieht sich, wie in den Abbildungen 5, 6 und 7 nachgewiesen werden konnte, so-wohl auf den großen Bereich der Diebstahlstaten, als auch auf Verbrechen, wie Vergewaltigung und Raub.

---

[25] Vgl. Kühne, Miyazawa, 1991, 78 f.
[26] Die Daten in Bezug auf Deutschland vor 1991, beziehen sich ausschließlich auf Westdeutschland.
[27] Vgl. Kühne, Miyazawa, 1991, S. 58.
[28] Vgl. Japan Statistical Yearbook 2007, S. 11; Daher wurde in Tabelle 1 zusätzlich der Schätzwert ohne die Verkehrsdelin-quenz, der ca. 25 % niedriger ist, neben der Gesamtrate dargestellt. Um das Datenmaterial in eine vergleichbare Form zu brin-gen wurden durchgehend Häufigkeitszahlen (HZ) zugrunde gelegt. Häufigkeitszahlen stellen die Kriminalitätsbelastung pro 100.000 der Bevölkerung dar. Dies gilt für die Abbildungen 1 sowie 3 bis 7 und 10.
[29] Vgl. Tabelle 1 und Abbildung 1 d.A..

Tabelle 1: Registrierte Straftaten von 1974 bis 2004[30]

	Japan	Deutschland
1974/Einwohner	110 573 000	62 101 000
Straftaten/**HZ**	1 672 000 (**1512**)	2 741 000 (**4419** BRD-West)
Aufgeklärte Straftaten /Quote	1 157 000 (69 %)	1 249 000 (45,6 %)
1984/Einwohner	120 305 000	61 049 000
Straftaten/**HZ**	2 080 000 (**1729**)	4 123 000 (**6755** BRD-West)
Aufgeklärte Straftaten/Quote	1 495 000 (72 %)	1 925 000 (46,7 %)
1992/Einwohner	124 567 000	80 975 000
Straftaten/**HZ**	2 356 000 (**1891**)	6 346 000 (**7838** Gesamt-BRD)
Aufgeklärte Straftaten/Quote	1 249 000 (53 %)	2 684 000 (42,3 %)
2000/Einwohner	126 926 000	82 260 000
Straftaten/**HZ**	3 256 000 (**2565**)	6 272 000 (**7625** Gesamt-BRD)
Aufgeklärte Straftaten / Quote	1 389 000 (42,6 %)	3 336 000 (53,2%)
2004/Einwohner	127 776 000	82 501 000
Straftaten/**HZ**	3 428 000 (**2683**)	6 630 000 (**8037** Gesamt-BRD)
Aufgeklärte Straftaten/ Quote	1 532 000 (44,6%)	3 593 000 (54,2 %)

Abbildung 1: Vergleich der Kriminalitätsrate zwischen Japan und Deutschland anhand der Häufigkeitszahl (HZ) pro 100.000 der Bevölkerung[31]

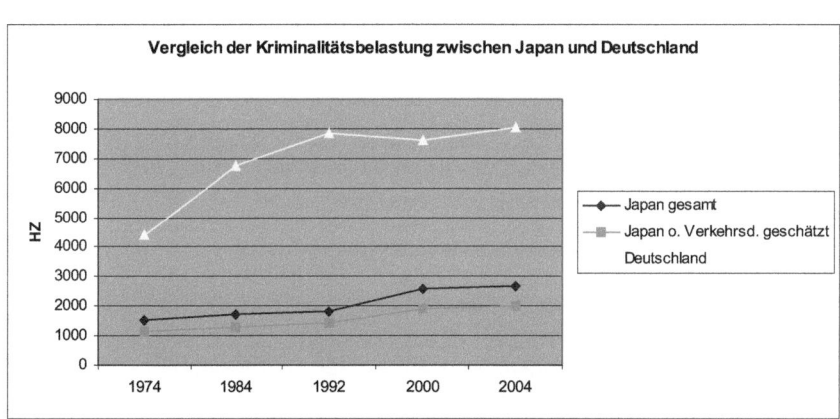

Vergleich der Kriminalitätsbelastung zwischen Japan und Deutschland

- ◆ Japan gesamt
- ■ Japan o. Verkehrsd. geschätzt
- Deutschland

[30] Daten: Japan: vgl. Japan Statistical Yearbook 2007(key statistics), S. 2, 11; Deutschland: vgl. Gesis-Zuma, S. 174; vgl. Statistisches Bundesamt, Population. Die Häufigkeitszahlenangaben (**HZ**) bez. Japan sowie die Angaben der absoluten Zahlen bez. Straftaten und aufgeklärter Fälle für Deutschland wurden anhand des übrigen Zahlenmaterials errechnet. Es ist darauf hinzuweisen, dass die jeweiligen Werte durchgehend gerundet wurden. Die Angaben für Deutschland für die Jahre 1974 und 1984 beziehen sich auf West-Deutschland. Alle Angaben zu Straftaten, bezogen auf Deutschland sind ohne Einbezug von Straßenverkehrsdelinquenz, wohingegen bei den Angaben zu Japan diese einbezogen ist. Die Häufigkeitszahl (HZ) ist der Quotient aus Straftat multipliziert mit 100.000 dividiert durch die Einwohnerzahl.

[31] Daten: entsprechend Fn. 24; Die Werte zur geschätzten Japanischen Delinquenz ohne Verkehrsdelinquenz wurden ermittelt, da für eine Reihe von Jahren konkrete Angaben für die Höhe der Verkehrsdelinquenz vorlagen und diese durchschnittlich ca. 25 % am Gesamtaufkommen betrug. Vgl. Japan Statistical Yearbook, 2007, (y2501000), S. 1f).

Abbildung 2: Vergleich der Aufklärungsquote von Straftaten zwischen Deutschland und Japan[32]

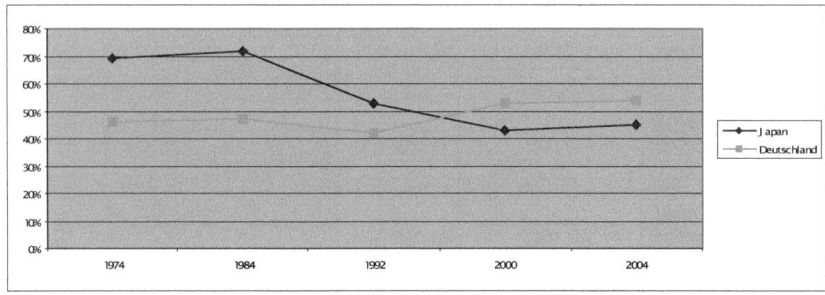

Das Verhältnis der Aufklärungsquoten hat sich deutlich zugunsten Deutschlands verschoben, was bezogen auf die erheblich höheren Fallzahlen in Deutschland bemerkenswert ist und gleichzeitig einen Hinweis dafür darstellt, dass das Entdeckungsrisiko in Japan gesunken ist.

Abbildung 3: Kriminalitätsbelastungszahlen in Japan bezüglich verschiedener Deliktgruppen[33]

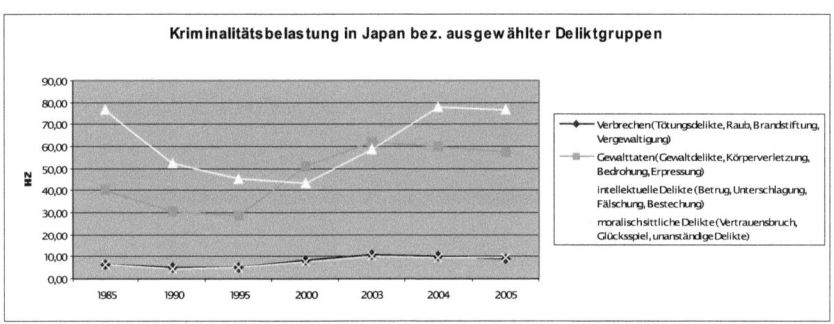

Abbildung 4: Kriminalitätsbelastungszahlen bei Verbrechen in Japan[34]

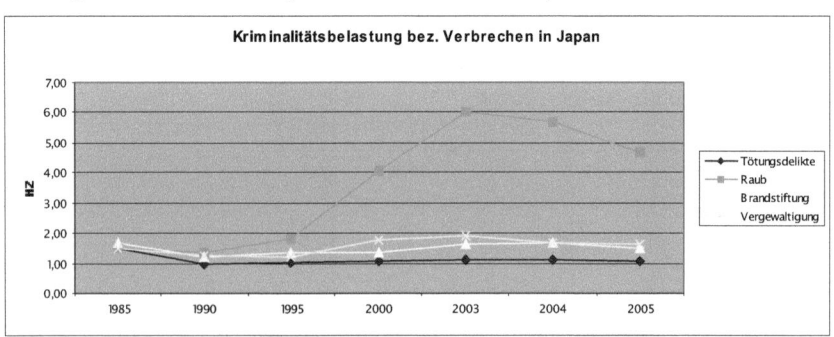

Abbildung 3 zeigt einen Anstieg der Betrugsdelikte und Gewalttaten sowie gleichbleibende Quo-

---

[32] Vgl. Japan Statistical Yearbook, 2007, (key statistics), S. 2, 11; Gesis-Zuma, S. 182.
[33] Vgl. Japan Statistical Yearbook, 2007, (y2501000), S. 1 -2).
[34] Vgl. Japan Statistical Yearbook, 2007, (y2501000), S. 1 -2), (key statistics), S. 2.

ten bzgl. Verbrechen und moralisch sittlicher Delikte. Abbildung 4 zeigt, wenn man Verbrechen aufschlüsselt, das es eine deutliche Steigerung bei den Raubtaten gab, mit einem Zenit in 2003.

Abbildung 5: Kriminalitätsbelastung bezogen auf Raubdelikte im Vergleich zwischen Japan und Deutschland[35]

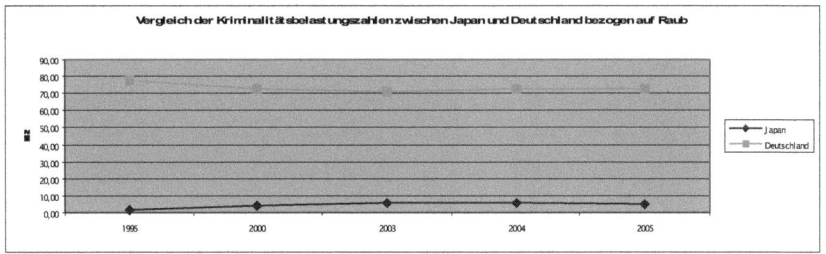

Abbildung 6: Kriminalitätsbelastung bezogen auf Vergewaltigungen im Vergleich zwischen Japan und Deutschland[36]

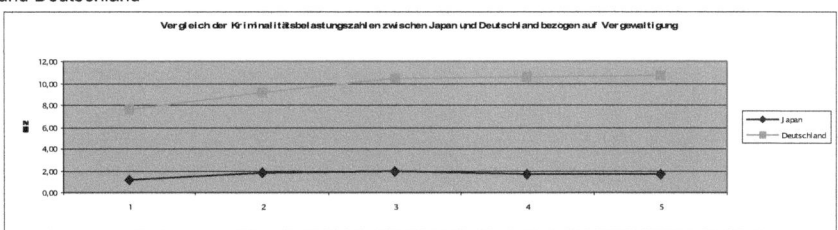

Wie in Abbildung 4 ersichtlich, sind die registrierten Raubdelikte innerhalb Japans im Verhältnis zu anderen Verbrechen wie Vergewaltigung oder Brandstiftung überbetont, aber im Verhältnis zu den registrierten Taten in Deutschland (Abbildung 5) ein eher zu vernachlässigendes Phänomen. Die registrierten Vergewaltigungen (Abbildung 6) liegen mit einem Verhältnis von 1:5 und unter Berücksichtigung der erheblich geringeren Fallzahlen schon deutlich näher zusammen.

Abbildung 7: Kriminalitätsbelastung bezogen auf Diebstahlsdelikte im Vergleich zwischen Japan und Deutschland[37]

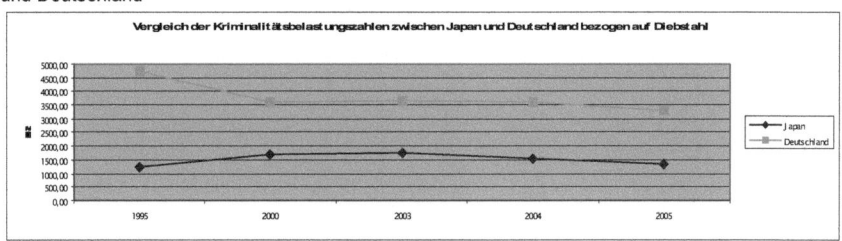

Die Diebstahlstaten (Abbildung 7) sinken sowohl in Deutschland, als auch in Japan, allerdings in Deutschland bereits seit 1995. In Japan stieg die Rate noch bis 2003 an.

---

[35] Vgl. Japan Statistical Yearbook, 2007, (y2501000), S. 1 f, (key statistics), S. 2; vgl. 2. PSB, 2006, S. 89.
[36] Vgl. Japan Statistical Yearbook, 2007, (y2501000), S. 1 f, (key statistics), S. 2, vgl. 2. PSB, 2006, S. 82.
[37] Vgl. Japan Statistical Yearbook, 2007, (y2501000), S. 1f), (key statistics), S. 2; vgl. PKS, 2005, S. 33.

4.2 Jugenddelinquenz und andere Tendenzen im modernen Japan

Der Bereich der Jugenddelinquenz in Japan ist eng verknüpft mit dem Bildungssystem einerseits und dem hohen damit korrespondierenden Leistungsdruck, der auf die Kinder und Jugendlichen wirkt, sowie einem zunehmenden Drang nach Individualisierung westlicher Prägung, der diesem entgegenwirkt. Dieses Dilemma führt zu unterschiedlichen Handlungsstrategien, die sich nicht zwingend in Devianz ausdrücken müssen. So gibt es beispielsweise Jugendliche, die die Wohnung in ihrer Freizeit nicht mehr verlassen (otaku) und sich fast ausschließlich mit Manga, Computerspielen und anderen von ihnen bewunderten Produkten der Popkultur beschäftigen, aber noch im virtuellen Raum mit anderen kommunizieren. Dagegen ist das Phänomen der ‚hikikomori' durch unkommunikatives Verhalten und extreme Meidung sozialer Kontakte gekennzeichnet und wird mehrheitlich von männlichen Jugendlichen gelebt. Derzeit wird von 500.000 bis 1 Million hikikomori ausgegangen.[38]

Die Zahl der Schulschwänzer (Abbildung 9) sowohl in der elementary school als auch in der junior high school ist in besorgniserregender Höhe angestiegen.[39] Das ist insbesondere deshalb bedeutsam, als das Leben junger Japaner/innen im Wesentlichen von der Schule geprägt ist. Außerdem zeigt sich eine zunehmende Tendenz zu problematischem Sozialverhalten, wie dem Schikanieren von Mitschülern oder Gewalt gegen Lehrer und Mitschüler. Desweiteren fielen seit Mitte/Ende der Neunzigerjahre junge Mädchen dadurch auf, dass sie mit älteren Männern ausgingen und mit ihnen sexuellen Verkehr gegen Bezahlung hatten. Dies korrespondiert mit einem deutlichen Anstieg ‚unanständiger Delikte' (Abbildung11). In diesem Zusammenhang ist erwähnenswert, dass es seit einigen Jahren zu brutalen Raub- und Mordtaten an älteren Männern kommt, die auch als ‚Jagd auf Opis' (oyajigari) bekannt wurde. Die Täter stammen hauptsächlich aus der Altersgruppe der 15 – 17 jährigen Jungen. Es lässt sich aber keine bedeutsame Korrelation zwischen gestiegenem Schulschwänzen und der Inhaftierungsrate von Jugendlichen wegen Gewalt, Raub und schwerer Delinquenz feststellen. Die Inhaftiertenrate (Abbildung 10) sinkt trotz gestiegener Schulverweigerungsrate.[40]

Abbildung 9: Schulschwänzen von mindestens 30Tagen/Jahr pro 100.000 Schüler[41]

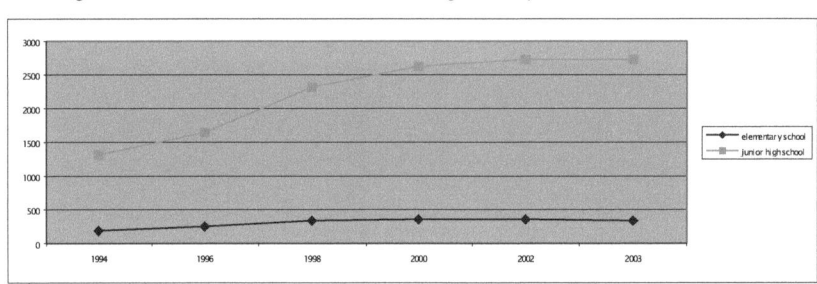

---

[38] Vgl. Coulmas, 2007, S. 71.
[39] Vgl. Kersten, 1997, S. 157.
[40] Vgl. IJAB – Fachstelle für internationale Jugendarbeit, 2007, 3 ff; Vgl. Whitepaper on Youth 2005, 4 ff.
[41] Vgl. Whitepaper on Youth 2005, S. 6.

Abbildung 10: Inhaftierungen von Jugendlichen infolge von schweren Verbrechen, Raub und Gewaltverbrechen, in absoluten Zahlen[42]

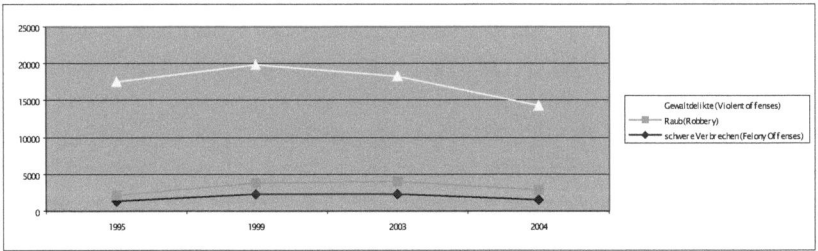

Abbildung 11: Kriminalitätsbelastung in Japan bezogen auf moralisch sittliche Delikte[43]

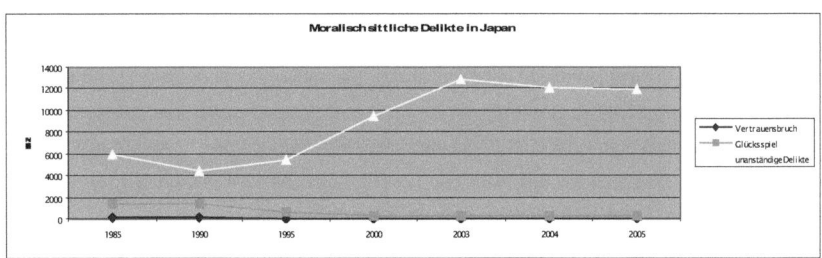

Der deutliche Anstieg von unanständigen Delikten korrespondiert mit der Einführung des Gesetzes gegen Kinderprostitution und Kinderpornografie in 1999. Seitdem kann der freiwillige sexuelle Kontakt minderjähriger Mädchen mit älteren Männern strafrechtlich verfolgt werden, wenn die Mädchen mit Geschenken oder Geld entlohnt werden.[44]

4.3 Yakuza und nicht-organisierte Kriminalität

Yakuza steht für organisierte Kriminalität in Japan. Der Begriff Ya - ku- za kann als Lautfolge der Zahlen 8 – 9 – 3 in Summe zwanzig, verstanden werden. Bei dem japanischen Kartenspiel „oicho-kabu„[45] gewinnt man mit 19 Punkten. Hat man 20 Punkte auf der Hand, gilt das als schlecht, als wertlos. Die Yakuza gelten analog als die ‚schlechten Hände der Gesellschaft'. Während es einerseits die Position gibt, dass die Yakuza auf die Tradition der Kabukimono zurückzuführen sind, behaupten andere, dass sie Nachfolger der Machi-Yakko, die Bediensteten der Stadt wären, die die Dörfer vor den Übergriffen der Kabukimono schützten. In ihrer Entstehungszeit im 18. Jahrhundert, bestand die Yakuza hauptsächlich aus Straßenverkäufern (tekiya) und Spielern (bakuto). Die Gruppe der Diebe oder auch Strolche (gurentai) festigte ihre Position innerhalb der Organisation erst nach dem (zweiten) Weltkrieg. Sie orientierten sich dabei an dem amerikanischen Vorbild der Mafia.[46]

---

[42] Vgl. Whitepaper on Youth 2005, S. 5.
[43] Vgl. Japan Statistical Yearbook, 2007, (y2501000), S. f.), (key statistics), S. 2.
[44] Vgl. IJAB – Fachstelle für internationale Jugendarbeit, 2007, S. 7.
[45] Vgl. Tenshi, 2006; In anderen Quellen lautet der Name des betreffenden Kartenspiels: 'hanafuda'.
[46] Vgl. Tenshi, 2006.

Die Yakuza besteht aus verschiedenen Banden oder Syndikaten (gumi). Die drei Mitglieder-stärksten sind die Yamaguchi-gumi, mit ca. 18.300 Mitgliedern, gefolgt von Sumiyoshi-kai mit ca. 6.700 und Inagawa-kai mit ca. 5600, laut Polizeiangaben in 1997.[47] Die Syndikate sind streng hierarchisch gegliedert. Der Oyabun (Vater) steht der Organisation vor. Ihm folgen seine Kobun (Kinder) bedingungslos nach. Widerspruch, Ausscheiden aus der Organisation oder Versagen ist grundsätzlich nicht vorgesehen und wird streng geahndet. Diese Organisationsform legt nahe, dass eine konsequente soziale Kontrolle bezüglich der Einhaltung der Yakuza-Normen vollzogen wird. Es werden zahlreiche Riten und traditionell geprägte symbolische Akte beispielsweise bei Hochzeiten, Begräbnissen, Verbrüderungen, Versöhnungen, Entlassungsfeiern aus Gefängnis-sen oder auch Vorstandssitzungen vollzogen. Yakuza-Mitglieder sind regelmäßig aufwändig täto-wiert. Als ein berühmtes Ritual gilt die Abtrennung eines Fingergliedes (yubitsume). Es kann prä-ventiv zur Besänftigung des Oyabun nach einem groben Fehler oder auf dessen Geheiß vollzo-gen werden.[48]

Die Mitglieder der Yakuza sind stolz auf ihren Status. Sie sehen sich auch gern als soziale Auf-fangstation für gesellschaftlich Gescheiterte, die ohne ihre Erziehung oder ihre soziale Kontrolle „als einzelgängerische Kriminelle und Freibeuter herumstrolchen würden"[49]. An solchen Positio-nen wird deutlich, dass sich die Mitglieder der Yakuza gegenüber den unorganisierten Kriminel-len nicht nur deutlich abgrenzen, sondern sich als höherrangig einstufen.

Die Yakuza haben eine eigene Werteorientierung, die zu gesamtgesellschaftlichen Werten in großen Teilen im Widerspruch steht. Sie sind Outlaws, ignorieren die bestehenden Gesetze und leben auch destruktive Impulse aus. Dennoch vertreten sie auch Werte, die von anderen gesell-schaftlichen Gruppen als erstrebenswert betrachtet werden. Es handelt sich um ‚seishinshugi' (Sieg des Geistes über die Materie). Folgende Tugenden sind darunter zu verste-hen: Charakterstärke und Durchstehvermögen (konjô, nintai), permanentes Sich-Anstrengen (ganbaru), Einsatz des Lebens bis zur Ausschaltung der Todesangst (inochigake), Geduld und Ausdauer (shinbô), Zähnezusammenbeißen sowie Durchhalten (gaman). Die Wertehaltung, die hinter diesen Tugenden steht, bringt die Yakuza dazu, sich als die wahren, die traditionsbewuss-ten Japaner zu betrachten.[50]

Die Yakuza steht in Japan für alle Arten organisierter Kriminalität, so beispielsweise für illegales Glücksspiel, Prostitution, Drogenhandel und Schutzgelderpressung. Sie ist aber auch in den Fi-nanzsektor vorgedrungen. Unter anderen werden illegal erworbene Gelder auch in legale Unter-nehmen eingebracht. Diesen Vorgang kann man als Geldwäsche bezeichnen.[51]

Das Geldverleihen gehört zu einer nicht zu unterschätzenden Einnahmequelle, insbesondere wenn die Vergabemethoden fragwürdig sind. In 2003 wurden 322.000 Japaner Opfer von Kre-dithaien. Der Gesamtschaden betrug 32 Milliarden Yen. In Japan drohen für diese Art der Delin-

---

[47] Vgl. Herbert, 2006, S. 152.
[48] Vgl. Herbert, 2006, S. 142.
[49] Herbert, 2006, S. 112.
[50] Vgl. Herbert, 2006, S. 142 f.
[51] Vgl. Herbert, 2006, S. 116 ff.

quenz nur bis zu 5 Jahre Gefängnis.[52] Das ist vergleichsweise gering; in Deutschland können es je nach Sachlage bis zu 10 Jahre sein.

Raub und Diebstahl gehören traditionell nicht zum Metier der Yakuza. Das fällt in den Bereich der nicht-organisierten Kriminalität. Von den Yakuza werden Eigentumskriminalität wie auch die gewöhnlichen Kriminellen in aller Regel verachtet. Allerdings muss angemerkt werden, dass aufgrund der schlechten Konjunktur auch unter den Yakuza die Begehung derartiger Taten zugenommen hat.[53] Taten, wie organisierter Autodiebstahl für einen Kundenkreis in Japan liegt oft in Händen chinesischer Banden. Auch sind Bereiche des traditionellen Geschäfts der Yakuza wie Schutzgelderpressung in die Hände der chinesischen Triaden übergegangen. Es wird aber auch zunehmend festgestellt, dass Mitglieder der Yakuza mit den chinesischen Organisationen (z.b. der Schlangenkopf-Organisation) zusammenarbeiten, z.b. bei Einbruchsdiebstählen.[54]

Die Yakuza sind nahezu auf der gesamten Welt tätig, mit Schwerpunkten u.a. in Australien und Ostasien, aber auch in West-Europa und Amerika, insbesondere in den Kriminalitätsbereichen des Waffen- und Drogenhandels, im Rahmen der Geldwäsche in Form von Immobilieninvestitionen sowie des Menschenhandels. Dabei geht es vor allem um die Rekrutierung von Frauen mit dem Ziel der Zuführung zur Prostitution in Japan.[55]

Die Ausländerkriminalität ist ein in der Presse hoch gehandeltes Thema, das kritisch zu betrachten ist. Prozentuale Steigerungen können sich zwar beunruhigend darstellen, es zeigt sich aber, dass die absoluten Zahlen der Ausländerkriminalität niedrig sind. Des Weiteren muss berücksichtigt werden, dass es Delikte gibt, gegen die nur Ausländer verstoßen können, wie das Ein- und Ausreisegesetz. Dadurch bedingt ergibt sich eine Verzerrung der Kriminalitätsrate. Die Längsschnittbetrachtung zeigt, dass die Zahl der ausländischen Tatverdächtigen ihren Zenit um 1970 hatte und seitdem trotz gestiegenem Ausländeranteil in der Bevölkerung relativ konstant blieb. Die Polizei selbst schürte mit einer Veröffentlichung in ihrem Weißbuch 1998 eine ausländerfeindliche Sichtweise. So betrage der Anteil an Ausländern über 14 Jahre ca. 1 %. 1,7% der verurteilten Straftäter wären im zugrunde gelegten Zeitpunkt ausländischer Herkunft. „Ergo sei die Kriminalitätsrate der Ausländer überproportional hoch und diese eine Gefahr für die nationale und öffentliche Sicherheit."[56] Herbert bemängelte die Darstellung der Polizei als fehlerhaft und propagandistisch. Die Datenbasis sei inkorrekt. So wären im betreffenden Jahr (1997) nur 1 % des Bevölkerungsanteils permanent in Japan residierende Ausländer, aber in Wahrheit müsse man noch die illegalen Aufenthalts, mit ca. 300.000 und die sich nur kurzzeitig dort Aufhaltenden, mit 2,15 Millionen hinzurechnen. Auch scheint unberücksichtigt, dass Ausländer allgemein höher bestraft und deren Delikte schneller aufgedeckt würden, da sie häufiger angezeigt werden als Einheimische.[57]

[52] Vgl. Heinze, 2006, S.141.
[53] Vgl. Herbert, 2006, S. 229.
[54] Vgl. Herbert, 2006, S. 229.
[55] Vgl. Kaplan, Dubro, 2003.
[56] Herbert, 2006, S. 234.
[57] Vgl. Herbert, 2006, S. 232 ff.

5. Kriminalität in Japan - eine kriminalitätstheoretische Annäherung

Es gab zwar immer wieder Versuche, alle Formen von Kriminalität mit einer einzigen zusammenfassenden Theorie zu erklären, wie beispielsweise mit der ‚general theory of crime'[58]. Dieser Ansatz konnte sich aber nicht durchsetzen, da Kriminalität nicht homogen ist und es immer Teilgebiete kriminellen Handelns gibt, die nicht in ein einheitliches Erklärungsmuster passen. Auch die japanische Kriminalität stellt sich in heterogener Form dar, so dass es nötig erscheint, unterschiedliche Erklärungsmuster zugrunde zu legen. Im Folgenden wird versucht, einige Formen japanischer Kriminalität mit Kriminalitätstheorien in Beziehung zu setzen.

Die Beschämungstheorie (theory of reintegrative shaming) von Braithwaite[59] wurde von Kersten[60] in Bezug auf die Anwendbarkeit auf Japan untersucht. Braithwaite geht davon aus, dass Kriminalitätsraten in gut integrierten Gesellschaften grundsätzlich niedriger sind, als in solchen, bei denen weniger Zusammenhalt besteht. Aber die Kriminalitätsraten würden sich in gut integrierten Gesellschaften in dem Maß voneinander unterscheiden, wie die Gesellschaft mit ihren Straftätern umgeht. Gelingt es einer Gesellschaft, ihre Täter für ihre Taten bei gleichzeitiger Bereitstellung der Mittel für ihre Reintegration zu beschämen, so geht Braithwaite von zu erwartenden niedrigen Kriminalitätsraten aus. Kersten bezweifelt die Anwendbarkeit der Braithwaitschen Theorie auf die japanischen Strukturen, da es seiner Auffassung nach der Beschämungstheorie zufolge keine ausgeprägten kriminellen Subkulturen, wie sie in Japan anzutreffen sind, geben dürfte.

Betrachtet man den Umgang der Japaner mit der Jugenddelinquenz ab dem Zeitalter der Restauration, so ist festzustellen, dass die ergriffenen Maßnahmen auf eine Erhöhung der sozialen Kontrolle ausgerichtet waren. Der kontrolltheoretische Ansatz von Hirschi mit seiner ‚social bonding theory'[61] zielt in diese Richtung. Hirschi ging wie auch Durkheim davon aus, dass Kriminalität in einer Gesellschaft etwas Selbstverständliches darstellt. Er unterscheidet vier verschiedene Einflußfaktoren (attachment to others, belief in the moral validity of rules, involvement in the conventional activities, commitment to achievement), die die Güte der inneren und äußeren Bindung bedingen. Seiner Auffassung nach führt eine Verstärkung der Schutzfaktoren im Sinne der Erhöhung von Halt und Bindung im familiären und schulischen Bereich zu einer niedrigen Kriminalitätsrate. Dieser theoretische Ansatz lässt offen, warum sich eine Reihe von Individuen obwohl sie nicht über Bindungen verfügen, legal entwickeln.[62]

Eine wesentliche Differenz zu westlichen Systemen stellt der Umgang mit Tätern insbesondere bei Diebstahlsdelikten bereits in den 1970er Jahren und früher dar. Bei Tätern, die vor der betreffenden Tat weniger als dreimal Ladendiebstahl begangen hatten, lag es in der Kompetenz der Kaufhausdetektive, den Fall entsprechend der Tatumstände und Täterpersönlichkeit zu lösen. Das führte zu einer informellen Entkriminalisierung[63] und damit zur Vermeidung von Labeling-Effekten die sekundäre Devianz fördern würden.[64] Die Häufigkeitszahl bezüglich Diebstahlsdelikten

---

[58] Vgl. Gottfredson, Hirschi, 1990.
[59] Vgl. Braithwaite, 1989.
[60] Vgl. Kersten, 1997, S. 13 ff.
[61] Vgl. Hirschi, 1969.
[62] Vgl. Schwind, 2006, S. 115 f.
[63] Vgl. Miyazawa, Schneider, 1979, S. 11.
[64] Vgl. Lemert, 1951.

ist, wie Abbildung 7 belegt, ausgesprochen niedrig im Vergleich zu Deutschland. Auch die wirtschaftliche Rezession führte nur zu einem leichten Anstieg der Eigentumsdelinquenz. Das spricht für die Annahme, dass sich die informelle Entkriminalisierung im Bereich der Diebstahlstaten positiv auf die Legalentwicklung von potentiellen Straftätern auswirkt. Jedoch muss einschränkend angemerkt werden, dass nahezu die gesamte registrierte japanische Kriminalität deutlich niedrigere Quoten aufweist, so dass auf Basis des vorliegenden Datenmaterials kein kausaler Zusammenhang hergestellt werden kann.

Organisierte Kriminalität wie die Kriminalität der Yakuza kann größtenteils als ein rational abgewogener Prozess im Sinne der , rational choice theory (RCT)'[65], betrachtet werden. Die kriminellen Organisationen weisen von ihrer Struktur und ihren Handlungsleitlinien her den Aufbau von Wirtschaftsunternehmen auf. Dabei kann vorausgesetzt werden, dass wie in einem legal arbeitenden Wirtschaftsunternehmen Kosten/Nutzen-Rechnungen erstellt werden. Nach der RCT ist dann mit einer Erhöhung der Kriminalitätsrate zu rechnen, wenn das Verhältnis von Nutzen gegenüber den Kosten steigt. So sind beispielsweise im Bereich der illegalen Kreditvergabe hohe Wachstumsraten zu verzeichnen, da bei kalkulierbaren Risiken, hohe Gewinne erzielt werden können.[66]

6. Resümee

Kriminalität in Japan ist ein vielschichtiges Phänomen, sowohl bezogen auf den Entwicklungsprozess aufgrund der Jahrhunderte langen Abschottung zur westlichen Welt als auch auf die nach wie vor gegenüber anderen Industrienationen vergleichsweise niedrigen Kriminalitätsraten. Die eingangs gestellte Frage, was ursächlich für die niedrige Kriminalitätsrate ist, kann daher nicht monokausal beantwortet werden.

Die Kriminalität der Kabukimono wäre Jahre zuvor gar nicht als abweichendes Verhalten definiert worden. Man hätte ihr Gebaren als jugendliches Überreagieren in einer martialisch geprägten Welt eingestuft. In der befriedeten Welt der Edo-Zeit hingegen wurden sie als kriminelle Abweichler definiert. Kriminalität ist grundsätzlich eine Frage der Definition. In jedem Land weichen die Definitionen über das, was für kriminell gehalten wird und was nicht, voneinander ab. Es ist nicht auszuschließen, dass trotz gleicher Wurzeln in der Strafgesetzgebung einzelne Definitionen von Devianz auch im Japan und Deutschland der heutigen Zeit voneinander abweichen. Dennoch wurde der Versuch unternommen, sich der Frage nach Japans niedrigen Kriminalitätsraten auch über den Vergleich mit Deutschland zu nähern. Die Kriminalitätsbelastung bezogen auf die registrierte Delinquenz in Deutschland ist dreimal so hoch wie die in Japan.

Das japanische Umgehen mit Eigentumskriminalität, das häufig nicht zu strafrechtlichen Anzeigen, sondern zu einer informellen Erledigung führt, erscheint gekennzeichnet durch die Vermeidung von Labeling-Effekten, die wie Schumann in seiner Langzeitstudie[67] nachweisen konnte, ein Beförderer für Sekundärdevianz ist. Außerdem dürfte sich das seit der Restauration begründete

---

[65] Vgl. Becker, 1974.
[66] Vgl. Heinze, 2006, S. 141.
[67] Vgl. Schumann, 2003.

System der Einbeziehung privater Kräfte wie auch die Installierung ambulanter Maßnahmen in die Resozialisierung von jugendlichen Delinquenten positiv auswirken.[68]

In Japan scheint eine grundlegende Tendenz zu bestehen, auf abweichendes Verhalten mit der Erhöhung von sozialer Kontrolle zu reagieren. Das nicht alle Maßnahmen zum Ziel führen, zeigt die Überfrachtung des Bildungssystems sowie die hohen Leistungsanforderungen an Kinder und Jugendliche, denen viele nicht mehr genügen können oder wollen, wie das Beispiel der hikikomori zeigt. Wie in Abbildung 10 ersichtlich ist, wirkt sich das abweichende Verhalten der Jugendlichen nicht in einer Steigerung, der wegen Verbrechen zu Haftstrafen Verurteilten, aus.

Die westliche Lebensweise, und ihre vermeintliche Freiheit wecken bei den japanischen Jugendlichen Wünsche, insbesondere bei Mädchen. Einige sehr junge Schülerinnen versuchen aus ihrer Welt auszubrechen, in dem sie sich mit alten Männern gegen Geld und Geschenke prostituieren. Mit diesem Phänomen korrespondiert ein Anstieg von Gewaltdelikten junger Männer an älteren Männern.[69] Hier wäre eine genauere sozialwissenschaftliche und ggf. psychologische Untersuchung der Tathintergründe sinnvoll.

Der wesentliche Unterschied zur westlichen Delinquenz scheint aber darauf zu beruhen, dass die japanische Gesellschaft auf einer vollständig anderen gesellschaftlichen Definition gründet. Nicht das Einzelwesen ist das Zentrum allen Strebens, wie im christlich geprägten Europa, sondern in Japan wird der Wert der Einzelexistenz nach dem von ihm ausgehenden Nutzen für die Bezugsgruppe definiert. Diese Sichtweise lässt auf eine fehlende Egozentrik des Einzelwesens schließen, die üblicherweise einen wesentlichen Antrieb zu deviantem Verhalten darstellt.

Da aber die Bezugs-Gruppe (Herkunftsfamilie, Arbeitsgruppe, Wohngruppe) eine so eminent wichtige Rolle im Leben eines Japaners einnimmt, ist die Frage, ob eine Person straffällig in Erscheinung tritt oder sich legal verhält, abhängig davon, welcher Gruppe sie angehört. Ein Yakuza, ein Salaryman oder auch ein Tagelöhner unterliegen innerhalb ihrer Gruppenbezüge ähnlichen hierarchischen Verhältnissen sowie vergleichbaren nach innen gerichteten Normen. Es kann aber angenommen werden, dass sich die Ziele bzw. die nach außen gerichtete Wertehaltung der jeweiligen Bezugsgruppen deutlich unterscheiden und damit auch die Bereitschaft zur Devianz.

Gleichgültig aber welcher dieser Gruppen ein Japaner angehört, gilt grundsätzlich, dass das Öffentlich-Werden von deviantem Verhalten dem Ansehen der Gruppe schadet. Das dürfte umso mehr für nicht-kriminell-orientierte Gruppen gelten. Das heißt, es besteht ein hohes Interesse an der Vermeidung von Öffentlichkeit in Bezug auf Fehlverhalten und die Bereitschaft zu informellen Regelungen und Opferentschädigungen. Daraus kann abgeleitet werden, dass die registrierte Delinquenz nur die Spitze des Eisberges darstellt. Wie hoch die Dunkelziffer tatsächlich ist, lässt sich nicht schätzen und müsste mit eingehenden Dunkelfelduntersuchungen erhellt werden. Es wäre wünschenswert, wenn sich die Forschung auch der Frage annehmen würde, welche Auswirkungen die gruppeninternen Regelungen - um Straftaten nicht öffentlich werden zu lassen-, insbesondere bei schweren Verbrechen, auf die Opfer und auch die Täter haben. Daneben wäre

---

[68] Vgl. Miyazawa, Schneider, 1979, S. 9.
[69] Vgl. IJAB – Fachstelle für internationale Jugendarbeit, 2007, S. 4.

es von Interesse zu erfahren, ob die hohe Suizidrate Japans mit den im Dunkeln gebliebenen Straftaten in Zusammenhang steht.

Die hohe soziale Kontrolle, die in der japanischen Gesellschaft vorherrschend ist, scheint neben der Vermeidung von Labeling-Effekten weiterhin ein Garant für niedrigere Kriminalitätsquoten zu sein. Aber der fortschreitende gesellschaftliche Wandel macht auch vor den Türen Japans nicht halt. Wirtschaftliche Rezession, Änderung der Beschäftigungsstrukturen, der demographische Wandel, wird auch zu einem Wandel innerhalb der gesellschaftlichen sozialen Kontrolle führen. Es ist anzunehmen, dass sich zunehmend mehr Menschen aus den herkömmlichen Gruppen-strukturen lösen oder gar nicht mehr hineinwachsen, wie man das beispielsweise von den hikiko-mori erwarten kann. Somit bleibt abzuwarten, ob sich dieser strukturelle Wandel in einem Anstieg der Kriminalitätsraten niederschlagen wird.

19

Literaturliste und Internetlinks

Ambaras, David R.

Bad Youth, Juvenile Delinquency and the Politics of Everyday Life in Modern Japan, London, 2006.

Becker, Gary

Crime and punishment: an economic approach,
In: Becker; Landes, Essays in the Economics of Crime and Punishment, New York, 1974.

Braithwaite, John

Crime, shame and reintegration,
Melbourne, 1989.

Coulmas, Florian

Die Gesellschaft Japans,
Arbeit, Familie und demographische Krise,
München, 2007.

Gesis-Zuma

Öffentliche Sicherheit und Kriminalität,
http://www.social-science-gesis.de/Dauerbeobachtung/
Sozialindikatoren/Daten/System_Sozialer_Indikatoren/
keyindik/Sicherheit.pdf, Zugriff: 29.11.07.

Gottfredson, Michael,
Hirschi, Travis

A general theory of crime,
Stanford, 1990.

Herbert, Wolfgang

Japan nach Sonnenuntergang, Unter Gangstern, Illegalen und Tagelöhnern,
Berlin, 2. Auflage, 2004.

Herold, Anja

Japans christliches Jahrhundert, in:
Geo Epoche, Das kaiserliche Japan, Band 21,
Hamburg, 2006, S. 68 -74.

Heinze, Ulrich

Japanische Bruchkanten. Konturen der *kankei nai*-Kultur,
Münster, 2006.

IJAB – Fachstelle für
internationale Jugendarbeit

Datenbank für internationale Jugendarbeit, Japan,
http://www.dija.de/downloads/downloads/Japan_Download.pdf, Zugriff: 03.12.07.

Japan Statistical Yearbook 2007

http://www.stat.go.jp/English/data/nenkan/index.htm,
Zugriff: 29.11.07

Hirschi, Travis

Causes of delinquency,
Berkeley, 1969.

Kaplan, David, E.,
Dubro, Alec

Yakuza: Japan's Criminal Underworld,
University of California Press, Berkeley, 2003.

20

Kersten, Joachim

Gut oder (Ge)schlecht,
Berlin, 1997.

Kühne, Hans-Heiner,
Miyazawa, Koichi

Kriminalität und Kriminalitätsbekämpfung in Japan.
2. Auflage, Wiesbaden, 1991.

Lemert, Edwin

social pathology: a systematic approach to the study of so-
ciopathic behavior, New York, 1951.

Miyazawa, Koichi,
Schneider, Joachim

Vergleichende Kriminologie: Japan, in
Handwörterbuch der Kriminologie,
Sieverts, Rudolf; Schneider, Joachim (Hrsg.),
Bd. 4, Ergänzungsband, 2. Aufl., Berlin,1979.

Periodischer Sicherheitsbericht
(PSB)

2. PSB (Langfassung),2006,
http://www.bmi.bund.de/nn_122688/Internet/Content/Bro-
schueren/2006/2__Periodischer__Sicherheitsbericht__de.
html, Zugriff: 04.01.08.

Polizeiliche Kriminalstatistik

PKS, 2005,
http://www.bundesregierung.de/Content/DE/PeriodischerBe-
richt/Berichte-der-
Bundesregierung/2006/05/Anlagen/2006-05-15-polizeiliche-
kriminalstatistik-2005,property=publicationFile.pdf,
Zugriff: 04.01.08.

Schumann, Karl F.

Bremer Längsschnittstudie zum Übergang von der Schule
in den Beruf bei ehemaligen Hauptschülern, Bd.1 ,2,
Weinheim, 2003.

Schwind, Hans-Dieter

Kriminologie, eine praxisorientierte Einführung mit Beispielen, 16. Auflage, Heidelberg, 2006.

Strempel, Johannes

Die Rache der Ronin, in:
Geo Special, Band 6, Hamburg, 2006/2007, S. 98 -101.

Statistisches Bundesamt

Population, 1950 - 2006,
http://www.destatis.de/jetspeed/portal/cms/Sites/
destatis/Internet/EN/Content/Statistics/TimeSeries/
LongTermSeries/Population/Content75/lrbev03a.psml,
Zugriff: 04.01.08.

Tenshi, Miharu

http://www.tenshi.eu/Yakuza.htm, Zugriff: 29.11.07.

Whitepaper on Youth 2005

http://www8.cao.go.jp/youth/english/whitepaper/2005/1-5.ht
ml, Zugriff: 29.11.07.